보이차 마스터 **2**

보이차 마스터 2 : 내 손으로 즐기는 보이차

제1판 제3쇄 발행	2019년 1월 28일
제1판 제2쇄 발행	2017년 5월 19일
제1판 제1쇄 발행	2015년 12월 19일

지은이	김태연, 대익다도원
사진	하보숙, 김학리, 대익다도원
펴낸이	허재식

펴낸곳	도서출판 조율
주소	경기도 파주시 탄현면 헤이리마을길 82-91. B동 301호
전화	031-944-8166
전송	031-944-8167
전자우편	joyul@joyulbook.com
홈페이지	www.joyulbook.com
출판신고	제406-2009-000053호(2009년 7월 27일)

© 김태연·대익다도원, 2015
ISBN   978-89-97169-22-1 (14590)
        978-89-97169-20-7 (세트)

값   7,000원
저자와 협의하여 인지는 생략합니다.

이 도서의 국립중앙도서관 출판시도서목록(CIP)은 서지정보유통지원시스템 홈페이지(http://seoji.nl.go.kr)와 국가자료공동목록시스템(http://www.nl.go.kr/kolisnet)에서 이용하실 수 있습니다.
(CIP제어번호: CIP2015032646)

보이차 마스터 ②

김태연 • 대익다도원

조율

들어가며

홍차 혹은 녹차. 우리에게 참으로 친근한 차다. 보스턴 차 사건이나 아편전쟁 등 학창시절 교과서를 통해 접했던 굵직한 역사적 사건들의 단초를 제공한 세계적이고 역사적인 식품이다. 그리고 하동, 보성, 제주도 등 우리나라에서도 맛있는 녹차가 생산되고 있기에 우리에게도 낯설지 않다. 게다가 대형 프렌차이즈 카페부터 동네 어귀에 자리한 조그만 카페에 이르기까지, 깔끔하게 우린 오리지날 홍차나 녹차 외에도 버블티, 그린티 라떼, 로얄 밀크티 등 다양한 차 음료들은 이미 기본 아이템이 된지 오래다.

언젠가부터 녹차도 아니고 홍차도 아닌, '보이차'라는 낯선 이름을 가끔씩 듣게 되었다. 전세계 수많은 나라들 중에서 우리나라 사람들이 가장 많이 방문하는 나라가 중국이다. 우리에게 이처럼 익숙한 나라인 중국에서 만들어진다는 보이차는, 독특한 맛도 있고 건강에도 좋을 뿐 아니라 오래 두어도 된다고 하니 참으로 신기할 따름이다. 중국 여행 길에 궁금해서 사왔던 차, 혹은 중국을 다녀온 지인이 선물로 사다 준 차가 우리 집 어느 한구석쯤에 들어와 자리 잡고 있다. 한지와 비슷한 종이에 싸인 둥글 넙적한 모양이 주를 이루는 낯선 차는 이렇게 우리 곁으로 다가왔다.

그런데, 막상 보이차라는 것을 마셔보려고 하니 어떻게 해야 하는 지를 잘 모르겠다. "몇 년 전에 사놓고는 까맣게 잊어버리고 있던 것을 지금 마셔도 될까? 평소 먹던 녹차나 홍차와는 다르게 한 덩어리로 붙어 있는 이것을 어떻게 잘라야 하는 걸까? 그냥 녹차 우리듯이 우리면 될까? 아니면 보리차 끓이듯이 주전자에 넣고 푹 끓여야 하나? 도대체 양은 또 얼마나 넣어야 하는 거지?" 이리저리 생각을 하다 보니, 머릿속이 복잡해진다. 차 한 잔 마시는데 뭐 이리 생각할 게 많은가 하며 차를 다시 제가 있던 구석에 도로 돌려놓는다.

평소에 다양한 도구를 사용하여 차를 우려 마시는 것에 익숙하지 않은 사람이라면, 선물 받은 보이차를 놓고 누구나 한번쯤 이런 상황을 경험한 적이 있을 것이다. 그러나 사실, 간단하게 보이차를 마시고자 한다면 별로 어려울 것도 없다. 어차피 차의 한 종류고 마실거리인데, 녹차나 홍차와 크게 다를 바가 무엇이 있겠는가.

커피 역시 우리에게 그렇게 다가왔다. 처음에는 블랙커피냐 다방커피냐 만을 따졌지만, 이제는 에스프레소, 아메리카노, 라떼, 카라멜 마끼아또 등의 커피 메뉴는 중고등학생도 술술 말할 수 있을 만큼 대중화되었다. 이제는 적지 않은 사람들이 집에서 커피 머신을 사용하거나 드립 커피를 내려마시고, 산지나 로스팅 정도에 따른 맛도 구분하는 사람들이 많아졌다. 이 역시 처음부터 그랬던 것은 아니지 않은가.

보이차 역시 마찬가지다. 언제 어디서나 쉽고 편하게 즐길 수 있는 티백tea bag도 있고, 우유를 더해 밀크티milk tea로 만들 수도 있고, 과일이나 향신료를 더해 베리에이션 티variation tea를 만들어도 좋고, 세월의 묵직함이 묻어나는 진년보이차aged Pu'er tea를 즐기는 것도 가능하다. 보이차에 대한 아주 기본적인 지식만 안다면 말이다.

그래서 '보이차 마스터' 시리즈는 보이차에 대한 가장 기초가 되는 지식들을 쉽게 전달하여, 우리 집 한구석에 잠자고 있는 보이차를 꺼내 가까이 두고 즐길 수 있기를 바라는 마음에 기획하였다. 이 책에 보다 쉽게, 편하게, 부담 없이 보이차를 즐길 수 있게 되기를 바라는 작은 희망을 담았다.

자, 이제 책을 펼치고 맛있는 보이차를 즐겨보자.

2015년 가을
대익다도원 김태연

들어가며 • 5
보이차, 어떻게 우려야 맛있을까? • 11

01 차의 골든룰 _맛있는 차의 기본
1 차와 물의 비율 • 15
2 물의 온도 • 20
3 우리는 시간 • 22

02 티백으로 우리기 _편하게 즐기는 보이차
1 티백의 종류 • 25
2 도구의 선택 • 26
3 티백차 우리기 • 27

03 개완으로 우리기 _전통적인 중국의 멋
1 개완이란? • 34
2 개완 고르기 • 39
3 개완과 함께 하는 도구들 • 48
4 개완으로 보이차 우리기 • 56

04 자사호로 우리기 _제대로 우리는 한잔의 차
1 자사호란? • 62
2 자사호 고르기 • 66
3 자사호로 보이차 우리기 • 78

05 표일배로 우리기 _간단하지만 갖춰진 맛
1 표일배란? • 91
2 표일배로 보이차 우리기 • 94

06 보이차 베리에이션 티 _내가 만드는 특별한 차
1 보이 퓨어 아이스티 • 101
2 보이 스트롱 아이스티 • 104
3 보이티 라떼 • 106
4 유자 보이차 • 114
5 레몬 보이차 • 115
6 보이 뱅쇼 • 116

일러두기

1. 차 이름과 차 이름에 들어가는 지명은 모두 우리나라에서 쓰이는 발음대로 표기하였다.
   예) 푸얼차 → 보이차, 따훙파오 → 대홍포
2. 차 이름을 제외한 고유명사(중국의 지명, 차창의 이름 등)는 외래어 표기법에 따라 표기하였다.
   예) 곤명 → 쿤밍, 운남 → 윈난
3. 차 이름에 들어간 중국어의 경우, 실제 제품 포장지에 간체자가 쓰였으므로 이에 의거하여 그대로 간체자로 사용하였다.
   예) 진장야운: 珍藏亞運 → 珍藏亚运

보이차, 어떻게 우려야 맛있을까?

누구나 한번쯤은 마셔보았을 인스턴트 커피 한 봉지가 있다. 이 커피를 타서 마시려고 한다. 어떻게 탈까?

진한 맛을 좋아하는 사람은 물을 적게 넣고, 연한 맛을 즐기는 사람은 물을 많이 넣는다. 단맛을 싫어하는 사람은 설탕을 좀 덜어내고, 아이스 커피를 좋아하는 사람은 얼음을 넣어 시원하게 마신다. 또 커피를 먼저 넣고 물을 따르는 사람도 있고, 물을 먼저 따르고 커피를 붓는 사람도 있다. 이처럼 '보편적인 맛'이 존재하는 인스턴트 커피도 사람에 따라 즐기는 방법은 매우 다양하다. 이는 커피가 기호음료이고, 기호란 사람마다 다르기 때문이다. 그리고 내 입맛에 맞는 인스턴트 커피를 타는 '골든 룰golden rule'은 개개인이 그 동안 커피를 마셔온 경험에 기초하여 만들어진 것이다.

차도 커피와 다르지 않다. 차 역시 기호음료이고, 내 입맛에 맞는 맛있는 차를 우리는 것 역시 그 동안 내가 차를 마셔온 경험에 의해 만들어진다. 누구라도 한번쯤은 녹차를 우려본 경험이 있을 것이다. 그것이 잎차든 티백이든. 보이차 역시 차의 한 종류니까 이론적으로는 녹차와 비슷하게 우리면 된다.

그러나 보이차는 종류가 다양하다. 만드는 방법에 따라서는 발효를 거치지 않은 생차生茶와 발효를 거친 숙차熟茶로 나눈다. 그리고 시간의 흐름에 따라 갓 만든 신차新茶와 만든지 몇 년 지난 진차陳茶, 더 오랜 시간이 흐른 노차老茶로도 구분한다. 형태로 보면 둥글 넙적한 병차餠茶, 정사각형의 방차方茶, 벽돌 모양의 전차塼茶, 동그란 모양의 타차沱茶 등으로 나눈다. 이렇다 보니 녹차처럼 우리려고는 해도 막상 어떤 차를 어떻게 우려야 할 지 잘 모르겠다.

그래서 이 책에서는 보이차를 어떻게 우려야 하는지를 모르는 사람들을 위해, '따라만 하면 실패는 하지 않는' 보이차 우리는 방법에 대한 기본 가이드라인을 제공하고자 한다. 보이차를 맛있게 즐기기 위해서는 녹차나 홍차와는 맛, 향, 성질이 다른 보이차만의 기본적인 룰은 알아야 하기 때문이다. 이 기본적인 룰을 바탕으로 다양한 방법을 통해 '나만의 골든룰'을 찾아가는 것, 그것은 일상의 소소한 즐거움이 되어줄 것이다.

01

맛있는 차의 기본

차의 골든룰

보이차뿐 아니라 녹차, 오룡차 등 그 어떤 차라도
최상의 향과 맛을 내는 '골든룰'이 존재한다.
3가지 키워드만 기억하자.
차와 물의 양, 물의 온도, 그리고 우리는 시간.
이 세가지만 기억한다면, 누구라도 맛있는 차를 우릴 수 있다!

01
차와 물의 비율

   차를 우릴 때의 찻잎의 양과 물의 양은, 차 맛의 농도를 결정하는 매우 중요한 요소다. 티백차를 우린다면야 티백 한 봉지에 든 찻잎의 양이 정해져 있으므로 물의 양만 신경 쓰면 되지만, 잎차를 우리려 할 때 찻잎의 양과 그에 따른 물의 비율을 결정하는 것은 매우 중요한 문제다. 그렇다면, 보이차를 맛있게 우리려면 이를 어떻게 조절해야 할까? 두 가지를 염두에 두자.

누구와 함께 마실 것인가?

얼마나 진한 맛의 차를 우릴지를 결정할 때는 먼저 누구와 함께 마실 것인가를 생각한다. 혼자서 마실 것이라면 내 입맛에만 맞추면 되겠지만, 누군가와 함께 마시려면 상대방의 기호를 먼저 고려하는 것이 좋다. 집에 손님이 와서 커피를 대접할 때도 '진한 커피 좋아하세요?'나 '설탕 넣을까요?'처럼 간단히 상대방의 기호를 물어보기 마련이다. 혼자가 아니라 누군가와 함께 차를 마실 때는, 먼저 함께 하는 사람이 차를 진하게 마시는 편인지 연하게 마시는 편인지를 물어보자. 이런 조그만 배려로도 같이 차를 마시는 사람의 기분을 좋게 만들 수 있다.

그리고, 몇 명이 함께 할건지도 미리 염두에 두어야 한다. 보이차는 커피나 홍차처럼 큰 잔으로 한잔 마시는 것보다는 아주 작은 잔으로 여러 번 우려 마시는 경우가 많기 때문에, 여러 명이 함께 차를 마실 때는 차의 양을 늘려서 적당한 농도를 유지할 수 있도록 해야 한다.

아주 진한 맛의 차를 선호하는 경우가 아니라면, 혼자 마시는 경우 약 3~5g 정도, 두세 명일 때는 5~8g, 다섯 명 이상일 때는 8g 이상으로 조절하는 것이 적당하다. 보이차는 덩어리진 것들이 많아 다른 차들과 달리 티스푼으로 계량하기가 어렵기 때문에, 차의 양을 가늠하기 어렵다면 익숙해질 때까지 저울을 사용하는 것도 좋다.

어떤 도구를 사용할 것인가?

보이차를 어떤 도구로 우리느냐에 따라 준비해야 할 보이차의 양도 달라진다. 보통 홍차를 우릴 때 사용하는 티포트teapot는 사이즈가 큰 대신 물을 가득 채우지는 않는데, 중국에서 보이차를 우릴 때 가장 많이 사용하는 개완이나 자사호 모두 가능한 한 물을 가득 채워 우리는 것이 정석이다. 따라서 내가 사용하고자 하는 도구의 종류와 크기를 먼저 결정한 후, 그에 맞게 차의 양을 조절하는 것이 편리하다.

보이차를 우릴 때, 중국에서는 일반적으로 물과 차의 비율을 20:1 정도로 맞춘다. 예를 들어, 사용하고자 하는 티포트의 용량이 200ml라면 보이차는 이 비율에 맞춰 10g을 준비하면 되는 것이다. 보통 중국차를 우릴 때는 영국식 홍차를 우리는 커다란

티포트보다 작은, 약 200~250ml 정도의 티포트나 개완을 주로 사용한다. 이처럼 작은 사이즈의 티포트나 개완은 차를 넣은 뒤 물을 따를 때 뚜껑을 닫을 때 약간 넘칠 듯이 따르는 것이 정석이기 때문에, 보통 티포트에 가득 물을 담은 것을 기준으로 계량한다. 그러나 보편적으로 중국인들은 우리나라 사람들보다 차를 훨씬 진하게 마시기 때문에, 우리가 20:1의 비율에 맞춰 차를 우리면 너무 진하다고 느낄 가능성이 크다. 보통 200ml를 기준으로 했을 때 우리 입맛에는 5~7g 정도가 적당하지만, 개인의 기호에 따라 조절하면 된다. 물의 양 역시 많거나 적을 경우 모두 차의 맛에 직접적으로 영향을 미치기 때문에 차의 양에 따라 적당히 조절한다.

02
물의 온도

 차의 사전적 정의가 '찻잎을 달이거나 우린 물'이라는 것에서도 알 수 있듯이, 차의 맛과 향을 내는 데 매우 중요한 역할을 하는 것이 바로 물이다. 차를 우릴 때 일반적으로 사용하는 물은 우리가 가장 흔하게 접할 수 있는 음용수인 정수된 물이나 생수다. 그러나 정수기를 통해 정수된 물이나 시판되는 생수의 경우, 각 브랜드에 따라 물을 구성하고 있는 성분에 차이가 있기 때문에 물 자체의 맛도 다르고 차를 우렸을 때의 맛 역시 다르다.

 보통 차를 우릴 때는 평소에 즐겨 마시는 물로 우리면 되는데, 맛에 민감한 편이라면 여러 가지 물로 차를 우려보고 내가 가장 좋아하는 맛을 찾아보도록 하자.

적당한 물의 온도

어떤 차를 우리든, 종류에 상관없이 차를 우리는 물은 모두 일단 잘 끓은 물이어야 한다. 일반적으로 녹차를 우릴 때는 쓰고 떫은 맛은 줄이고 맑은 맛과 향이 잘 우러나기 위해 물 온도를 80도 정도로 맞춘다. 덜 끓은 물은 차 맛을 제대로 내지 못하기 때문에, 녹차를 우릴 때도 덜 끓은 물로 차를 우리는 것이 아니라 한번 끓었던 물을 원하는 온도로 다시 식혀 쓴다.

그럼 보이차는 몇 도의 물로 우려야 할까?

보이차를 우리는 물의 기본 온도는 100도다. 보이차의 경우 녹차를 우릴 때처럼 온도를 낮춘 물을 사용하면, 덩어리져 붙어 있는 찻잎이 잘 풀어지지 않아 차의 맛과 향을 충분히 발현할 수 없기 때문이다. 그리고 오래된 노차老茶를 우릴 때도 잠들어 있는 차의 기운을 깨우기 위해서는 높은 온도의 물이 필수이다. 다만, 예외도 있는데 생산 된지 1~2년 정도밖에 되지 않은, 비교적 어린 잎을 사용해 만든 생차의 경우, 100도의 물을 그대로 사용할 경우 쓰고 떫은 맛이 강하게 우려져 나올 수 있다. 그래서 차의 강한 맛을 좋아하는 경우가 아니라면, 끓인 물을 한 김 식혀 90~95도 정도일 때 우리는 것이 좋다.

03
우리는 시간

우리가 평소 즐겨 마시는 녹차의 경우 물을 식혀 사용하기 때문에 약 1분 정도 우렸을 때 좋은 맛이 난다. 물의 온도가 낮은 편이라 이 정도는 우려줘야 제대로 맛이 우러난다. 그러나 보이차의 경우, 폴리페놀 함량이 높은 대엽종 원료의 특징으로 인해 쓰고 떫은 차의 맛이 녹차에 비해 강한 편일 뿐 아니라, 기본적으로 100도의 물로 우리기 때문에 녹차처럼 오랜 시간 우리게 되면 자칫 맛이 너무 진해질 수 있다. 그리고 보이차를 제대로 갖춘 도구로 우릴 경우, 찻잎을 한번 넣으면 보통 열 번 이상 우려 마실 수 있어 우리는 횟수에 따라 시간을 조절하면 더욱 맛있게 즐길 수 있다. 병차나 전차 등의 찻잎들이 서로 덩어리져 붙어 있는 형태의 긴압차는 찻잎이 풀어지기 전인 첫 번째나 두 번째에 10~15초 정도 우린다. 그리고 세 번째부터는 차 덩어리가 서서히 풀어져 빠른 속도로 우러나기 때문에 10초 정도면 충분하다. 이후에는 차가 우려지는 상태를 보면서 시간을 가감한다. 그리고 일반적인 찻잎의 형태를 가지고 있는 보이차의 산차散茶인 경우는 덩어리진 긴압차緊壓茶보다 빨리 우려지기 때문에 시간은 조금 짧게 두는 것이 좋다.

02

편하게 즐기는 보이차
티백으로 우리기

회사나 집에서 차 한잔 가볍게 마시고 싶을 때,
이것저것 도구를 꺼내놓고 차를 우리는 것은
시간도 오래 걸리고 번거롭다.
이럴 때 누구라도 간단한 도구를 이용해
짧은 시간에 차를 우려 즐길 수 있도록
시중에 많은 보이차 티백 제품들이 출시되어 있다.

01
티백의 종류

티백은 품질이 떨어지는 차로 만든다는 편견은 이제 버리자. 티백만으로도 충분히 괜찮은 보이차를 즐길 수 있다. 게다가 매우 다양한 종류의 티백이 만들어지고 있어 취향에 따라 얼마든지 골라 마실 수 있다.

보이차 티백은 크게 **오리지날 티**와 **블렌딩 티**로 나뉜다.

오리지날 티Original Tea는 가장 기본적인 생차와 숙차를 말하는데, 이 외에도 보이차 특유의 '시간의 개념'을 반영하여 1년산, 2년산, 3년산, 5년산, 6년산 등 다양한 연수의 제품들이 있기 때문에 원하는 연수의 차를 골라 마시면 된다. 그리고 보이차의 유명 산지인 포랑布朗이나 파달巴達 등, 각 지역에 따른 원료의 특성을 살린 티백도 만들어지고 있다.

블렌딩 티Blending Tea는 장미, 국화, 재스민 등의 꽃과 블렌딩한 티백을 비롯하여, 진피, 연잎, 나한과, 칡, 결명자, 진피 등 다양한 재료와 블렌딩한 티백 등 매우 다양한 제품이 나와 있으므로, 취향에 따라 선택하자.

02
도구의 선택

 티백차를 우릴 때 가장 적합한 도구는 뭘까? 티백은 컵 한 개와 뜨거운 물만 있으면 언제 어디서라도 간편하게 차를 즐길 수 있도록 개발된 제품이므로, 아무래도 티백차를 우릴 때 가장 많이 쓰이는 도구는 한번 쓰고 버릴 수 있는 일회용 종이컵일 것이다. 종이컵은 가볍고 편리하기 때문에 우리 일상생활에서 아주 많이 쓰이지만, 종이컵의 특성상 종이 위에 코팅처리를 했기 때문에 뜨거운 물을 담으면 특유의 냄새가 나는 것들이 많다. 커피처럼 향이나 맛이 비교적 진한 음료는 괜찮지만, 차는 맛이나 향이 은은한 편이기 때문에 종이컵 냄새가 더 잘 느껴지는 것이 사실이다. 그래서 조금 귀찮더라도 맛있는 차를 위해 가능한 한 머그컵이나 유리컵 등 냄새가 나지 않는 도구를 사용하는 것이 좋다.

03
티백차 우리기

티백차는 누구라도 쉽게 차를 우려 마실 수 있게 만들어졌지만, 어떻게 우리느냐에 따라서 아주 다른 맛을 내기도 한다.

티백차를 우리는 3분의 시간, 조금만 정성을 들이면 근사한 보이차 한잔이 완성된다.

STEP 1 컵 데워놓기

머그컵, 유리컵, 작은 티포트. 뭐든지 좋다. 티백을 우릴 도구를 꺼내고, 뜨거운 물을 미리 컵에 따라놓는다. 이처럼 차를 우릴 때 도구를 먼저 데워 놓는 것을 '예열預熱'이라고 하는데, 간단하지만 차 맛을 많이 달라지게 하는 매우 중요한 과정이다.

특히 실내 온도가 많이 낮아지는 겨울철에는 단 몇 십 초면 되는 간단한 과정이니 절대로 건너 뛰지 말자.

STEP 2 티백 넣고 물 붓기

티백을 잔에 넣고 뜨거운 물을 따른다. 이때 티백 위에 뜨거운 물을 바로 따르면 차의 쓰고 떫은 맛이 강하게 나타나기 때문에, 티백에 물이 직접 닿지 않게 살살 따라준다.

이 과정이 다소 귀찮다고 느껴진다면? 간단하다. 먼저 뜨거운 물을 따른 후에 티백을 넣자.

STEP 3 차 우리기

물을 따른 후 3분간 차가 우려지기를 기다린다. 만약 겨울이라 실내 온도가 낮을 경우 물이 빨리 식을 수 있으므로 컵에 뚜껑을 덮어주면 차가 더 잘 우러난다.

보이차는 다른 차보다 맛이 조금 진한 편이기 때문에, 3분 정도 우렸을 때 사람에 따라 조금 진하게 느껴질 수도 있다. 평소에 연한 맛의 차를 선호하는 편이라면 2분~2분 30초 정도 우리자.

STEP 4 티백 꺼내기

차가 다 우려졌으면 티백을 꺼내는데, 이때 위에서 봤을 때 색깔이 연한 것 같다고 티백을 막 흔들면서 꺼내지 않도록 한다. 티백이 흔들리면 찻물이 혼탁해지므로 얌전히 꺼낸다.

적정 시간이 지난 후에도 티백을 꺼내지 않고 계속 두면 차가 계속 진해지는 것이 아니라 오히려 차 맛이 떨어질 수 있으므로 적당히 우려졌을 때 꺼내도록 한다.

보통 보이차 티백은 하나에 약 1.5~3g 정도의 찻잎이 들어 있다.
생차인지 숙차인지, 그리고 찻잎의 크기나 여린 정도에 따라 물의 온도나 양을 적절히 조절하는 센스가 필요하다.
예를 들어 대익의 5년산 숙차 티백을 우릴 경우, **티백 한 봉지가 약 1.8g**으로 **95~100℃의 물**을 250ml 부어 **3분간** 기다리면 향긋하면서도 감칠맛이 도는, 풍미가 좋은 차를 즐길 수 있다.

03

전통적인 중국의 멋

개완으로 우리기

01
개완이란?

중국 문화에 관심이 있는 사람이라면, 중국의 드라마나 영화에서 청나라 황제나 황후가 화려한 무늬의 찻잔과 찻잔 받침을 들고 뚜껑을 밀어 가며 차를 마시는 장면을 본 기억이 있을 것이다. 이것이 '개완盖碗'이라는 중국 특유의 다기茶器이다.

'덮을 개盖', '사발 완碗'을 써서 글자 그대로 '뚜껑이 있는 그릇'이라는 의미인 개완은, 티포트처럼 차를 우릴 수도 있고 찻잔처럼 차를 마실 수도 있는 다용도의 도구다. 중국에서 개완의 뚜껑은 하늘을, 잔은 사람을, 받침은 땅을 의미한다고 하여 '삼재완三才碗'이라고 부르기도 한다.

개완은 차 본연의 맛이 잘 드러나는 다기로, 중국에서 차를 우릴 때 가장 대중적으로 사용되는 도구이다. 그리고 베이징北京이나 쓰촨四川처럼 재스민 등의 꽃차를 즐겨 마시는 곳에서는 차를 우려서 그대로 바로 마시는 1인용 다기로도 사용하고 있다.

개완은 입구가 넓기 때문에 차의 향을 잘 느낄 수 있을 뿐 아니라 차를 우리는 과정에서 차 색의 변화를 쉽게 관찰할 수 있는 장점이 있다. 다만, 손잡이가 따로 없어 열전도율이 상대적으로 높은 편이라 쉽게 손을 델 수 있기 때문에 익숙해질 때까지는 어느 정도 연습이 필요하다. 그러나 일단 손에 익으면 녹차나 홍차, 오룡차, 보이차, 화차 등 그 어떤 차라도 우릴 수 있기 때문에 이보다 편리한 도구는 없다.

02
개완 고르기

　개완은 재질도, 크기도, 디자인도 매우 다양하다. 그래서 막상 개완을 구입하려고 하면, 어떤 것이 좋은 것인지 잘 몰라 망설여진다. 개완을 고를 때는 딱 세 가지만 기억하자.

첫째, 재질이 무엇인가?

 개완은 자기, 도기, 자사, 유리 등 다양한 재질과 디자인으로 만들어진다. 보편적으로 가장 많이 사용하는 것은 백자로 된 것인데, 백자 개완을 사용하면 우려진 차의 색깔이 가장 잘 보이기 때문이다. 또한 녹차나 화차 등 모양이 예쁜 차를 우릴 때는 찻잎을 볼 수 있는 유리 개완을 사용하기도 하는 것도 좋고, 취향이나 상황에 따라 자사나 도기로 된 것을 사용해도 된다.

 또한 개완의 재질에 따라 다양한 색깔과 디자인으로 만들어지는데, 꽃이나 새, 산수화 등의 화려한 그림이 그려진 것이나 유명한 시나 글이 쓰여 있는 것이나 요변으로 인해 생겨난 기하학적인 패턴의 개완 등 자신이 좋아하는 색감과 디자인의 것을 골라 사용하면 된다.

둘째, 사이즈는 적당한가?

중국에서 개완은 개완은 50cc의 아주 작은 것부터 300cc의 비교적 큰 것까지 다양한 사이즈로 만들어지기 때문에, 필요에 따라 적당한 용량의 개완을 선택하면 된다.

예를 들어 3~5명이서 함께 차를 마신다면 100~150cc정도, 7~8명일 때는 200~250cc 정도의 개완이면 충분하다.

개완이 너무 작으면 찻잎이 충분히 펼쳐질 공간이 모자라기 때문에 차 맛에 영향을 주고, 개완이 너무 커지면 손이 작은 사람은 잡기 불편할 수 있다. 스스로의 상황에 따라 적당한 크기의 개완을 고르도록 하자.

셋째, 내 손에 잘 맞는가?

 사람마다 손의 크기나 손가락의 길이가 다 다르기 때문에 개완을 잡을 때의 손의 자세도 조금씩 다르다. 그래서 직접 잡아보고 내 손에 가장 편안하게 잡히고, 힘의 조절이 수월한 것을 고르는 게 좋다. 특히 개완의 '전'과 뚜껑의 '꼭지'를 유심히 살펴볼 필요가 있다.

개완은 손잡이가 따로 없기 때문에 차를 우릴 때 검지로 뚜껑의 꼭지 부분을, 엄지와 중지로 찻잔 전의 양쪽 부분을 잡아서 사용한다. 전이란 찻잔의 가장자리가 바깥쪽으로 곡선을 그리며 벌어져 있는 부분을 말하는데, 바로 이 부분이 손잡이가 되는 것이다. 보통 개완으로 차를 우릴 때 뚜껑을 덮는 선까지 물을 따르기 때문에 손이 데지 않을 정도로 전이 적당하게 벌어져 있는 것을 선택해야 한다. 전이 너무 일직선이거나 지나치게 두껍게 처리가 된 경우, 열전도율이 높아 쉽게 뜨거워질 수 있다.

 그리고 검지로 뚜껑의 꼭지를 눌러 지지하는데, 개완마다 꼭지 부분의 형태가 조금씩 다르기 때문에 직접 잡아보고 내 손에 잘 맞는 것을 골라야 한다. 개완에 따라 꼭지의 높이가 다르고, 꼭지 안이 패여 있는 것도 있고 막혀 있는 것도 있기 때문에 잘 살펴보도록 한다.

03
개완과 함께 하는 도구들

 마음에 드는 개완을 골랐다. 그렇다면 이것만으로 차를 우릴 수 있을까?

 개완을 사용해서 차를 우릴 때는 개완 외에도 반드시 필요한 몇 가지 도구들이 있다.

차칼 또는 송곳

 찻잎이 큰 덩어리로 붙어 있는 보이차의 찻잎을 우려 마실 만큼 뜯어내기 위해서는 보이차 전용 칼이나 송곳이 필요하다. 차

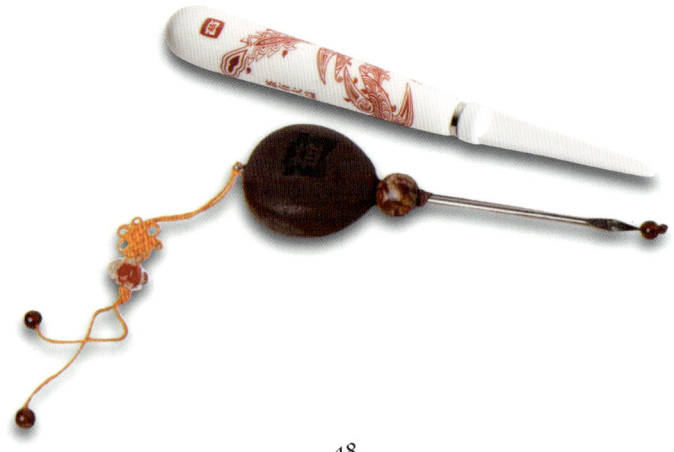

덩어리는 생각보다 딱딱해 상당한 힘을 가해서 뜯어내야 하므로, 일반 칼이나 송곳을 사용할 경우 손을 다칠 위험이 있어 가능한 한 전용 도구를 사용할 것을 추천한다.

공도배

우리나라에서는 숙우熟盂라고 부르는 도구로, 개완으로 보이차를 우릴 때 빠져서는 안 되는 도구이다. 개완의 입구가 넓은데 비해 상대적으로 찻잔은 매우 작기 때문에 개완에서 바로 찻잔에 차를 따르는 것은 결코 쉬운 일이 아니다. 또한 개완에서 우려진 차를 한 번에 다 따라내지 않고 조금이라도 남겨둘 경우, 차 맛이 점점 진해질 뿐 아니라 두 번째, 세 번째 우리는 차 맛에 직접적인 영향을 미친다. 그래서 개완으로 우린 차는 공도배에 한 번에 다 따른 후에 찻잔에 다시 옮겨 따르도록 한다.

거름망

차를 우려서 공도배에 따를 때, 개완에는 찻잎을 걸러주는 장치가 없기 때문에 찻잎 조각이나 가루가 딸려오는 경우가 많다. 그래서 공도배 위에 거름망을 얹어 차를 따름과 동시에 한번 걸러주어 마시는 차에 찻잎 등이 같이 섞이지 않도록 한다.

찻잔

　찻잔은 차를 마시는 사람의 개성을 가장 뚜렷하게 나타낼 수 있는 도구 중의 하나이다. 보이차는 차가 식기 전에 마시는 것이 좋기 때문에, 작은 잔을 이용해 여러 번 따라 마신다.

　보통 30~100cc 정도의 차를 담을 수 있는 잔을 가장 많이 사용하며, 자기·도기·유리·자사 등 여러 가지 재질의 다양한 모양의 것이 있기 때문에, 계절에 따라 기분에 따라 마음에 드는 것을 사용하면 된다.

알아두면 좋은 차 상식 ❶

덩어리진 보이차, 어떻게 분해할까?

❶차의 포장지를 벗긴다.
차의 포장지를 벗겨 편평한 판 위에 올려놓는다. 바닥이 고르지 않거나 푹신하면 날카로운 도구를 사용할 때 자칫 손을 다칠 수 있으므로 딱딱하고 편평한 바닥이 필요하다. 보이차 전용 차판을 사용해도 되고 집에 있는 쟁반을 사용해도 무방하다.

❷차칼이나 송곳을 이용하여 차를 헐겁게 만든다.
한 손으로 차를 단단히 잡고, 차 표면에 30~45도 정도로 보이차 전용 칼이나 송곳을 비스듬하게 찔러 넣어 찻잎이 덩어리로부터 살짝 들리게 만든다. 이때 칼이나 송곳을 쥔 손과 차를 잡고 있는 손을 평행으로 두어 잘못하여 손을 찌르는 일이 없도록 주의한다. 또한 차 표면이 딱딱하고 거치므로 칼이나 송곳을 쥐고 있는 손이 표면에 긁히지 않도록 한다.

❸헐거워진 차를 살살 뜯어낸다.
보이차를 분해할 때의 기본은 '차를 자르는 것'이 아니라 '살살 뜯어내는 것'이다. 찻잎을 뜯어내는 과정에서 찻잎이 많이 부서지거나 잘릴 경우, 차를 우렸을 때의 맛과 향에 많은 영향을 미치기 때문에 최대한 찻잎이 상하지 않게 뜯어내야 한다. 도구를 이용해 헐겁게 만든 차를 손으로 살짝 당겨 살살 뜯어내도록 한다.

❹찻잎을 골고루 섞는다.
보이차는 '병배'라는 블렌딩 과정을 거치기도 하기 때문에, 차 덩어리의 표면과 속에 쓰인 차의 등급이나 성질이 다른 경우가 많다. 그래서 차는 실제 우릴 때 필요한 양 보다 조금 더 넉넉하게 뜯은 다음 표면의 차와 속의 차를 고루 섞어 우리는 것이 차의 제대로 된 풍미를 즐길 수 있는 방법이다. 그리고 찻잎을 뜯다 보면 덩어리진 상태의 것도 있고 찻잎이 하나하나 떨어져 나오는 것도 있게 마련이다. 이때 큰 덩어리도 2~3cm가 넘지 않도록 하고, 덩어리진 차와 따로 떨어져 나온 찻잎들은 우려지는 속도가 다르므로 역시 고루 섞어 같이 우리도록 한다.

병차, 타차, 방차, 전차. 보이차는 생김새가 다 제각각이다. 그런데 보이차를 우릴 때는 한번에 5~10g 정도만 있으면 된다. 그럼 도대체 보이차의 찻잎은 어떻게 뜯어내야 하는 것일까?

04
개완으로 보이차 우리기

STEP 1 도구 예열하기

차를 우릴 때의 기본은 개완, 공도배, 거름망, 찻잔 등 차를 우릴 때 사용하는 모든 도구를 뜨거운 물을 사용해 따뜻하게 데워 놓는 것이다. 개완은 잔뿐만 아니라 뚜껑까지 잊지 말고 고르게 예열이 되도록 한다. 도구의 예열은 차의 향이나 맛에 많은 영향을 미치므로 귀찮아도 빼먹지 말자.

차와 도구가 다 준비되었으면, 이제 개완을 사용해 차를 우려 보자.

STEP 2 윤차, 찻잎 적시기

적당량의 찻잎을 넣은 후 뜨거운 물을 부어 재빠르게 따라낸다. 이 과정은 마른 찻잎을 적셔 준다고 하여 '윤차潤茶'라고도 하고, 잠들어 있는 차의 성질을 깨워준다고 하여 '성차醒茶'라고도 한다. 이는 마시기 위한 차를 우리는 것이 아니라, 차가 잘 우려지기 위한 조건을 만들어주는 것이므로 10초를 넘기지 않고 빠른 시간 안에 따라내도록 한다. 이 물로 찻잔을 예열해도 된다.

STEP 3 차 우리기

이제 본격적으로 차를 우려보자. 개완으로 차를 우릴 때, 물은 개완 뚜껑을 닫았을 때 뚜껑 위로 살짝 올라오는 정도까지 따른다. 너무 가득 채우면 전이 뜨거워져 손을 델 수 있으므로 주의한다. 차를 따를 때는 개완의 뚜껑을 살짝 비스듬히 놓아 찻물이 흘러나 올 수 있는 틈을 만들어준다. 틈이 너무 좁으면 찻물이 잘 안 따라지고, 틈이 너무 넓으면 찻잎이 딸려 나올 수 있으므로 적당한 간격으로 벌려주는 것이 중요하다. 공도배 위에 거름망을 올려 놓고 개완 뚜껑의 위치를 잘 잡은 후, 찻잔의 전 양쪽을 엄지와 중지로 잡고 검지로 뚜껑의 손잡이 부분을 누른 후 차를 따른다. 이때 개완 안에 찻물이 남아 있지 않도록 끝까지 따른다.

STEP 4 차 나누기

공도배 안에 담긴 차를 찻잔에 따른다. 보통 손님이 있을 경우, 손님 잔에 차를 먼저 따르고 내 잔에 가장 마지막으로 따른다. 중국에서는 '찻잔의 차는 7부만 따르고, 남은 3부에는 정을 담는다'는 말이 있다. 즉, 차는 잔에 너무 가득 차게 따르지 않으며, 차를 따를 때는 상대방을 위하는 마음도 같이 담아야 한다는 의미다.

04

제대로 우리는 한잔의 차

자사호로 우리기

01
자사호란?

'자사호紫砂壺'란 '자사紫砂'라는 특별한 원료를 이용하여 만든 '차를 우리는 전용 주전자'를 말한다. 자사는 중국 장쑤성江蘇省 이싱宜興 지역에서 생산되는, 철분을 함유하고 있는 점토질의 분사암을 일컫는다. 자사호의 역사는 북송 중엽까지 거슬러 올라가 이미 천여 년의 역사를 지니고 있으며, 자사호 제작 기법은 중국의 '비물질문화유산非物質文化遺産'에 등재되어 있다. 또한 실용성과 예

술성을 고루 지닌, 중국을 대표하는 작품이라 할 수 있다.

현재 자사호는 베이지색이 도는 것부터 다크브라운까지 매우 다채로운 색으로 만들어지는데, 대부분이 상당히 차분하고 안정적인 느낌을 준다. 또한 색깔뿐만 아니라 디자인 역시 매우 다양하기 때문에 고르는 즐거움, 수집의 즐거움이 있다.

02
자사호 고르기

그렇다면, 맛있는 보이차를 우리기 위한 자사호, 어떻게 고를까?

첫째, 기능성을 따져라.

자사호는 뛰어난 예술적 가치를 지닌 예술품이기도 하지만, 본연의 가치는 차를 우리는 것에 있다. 따라서 자사호를 선택할 때 가장 중요한 것은, 색깔이나 디자인 보다는 '차를 우리는 기능에 얼마나 충실한가'이다. 아무리 예쁘고 화려한 장식으로 치장한 자사호라고 하여도 제대로 차를 우릴 수 없다면 자사호로서의 가치를 상실한 것이다.

그렇다면, 자사호의 기능성은 무엇을 말할까? 네 가지로 정리할 수 있다.

| 철구

1. 배가 동그랗고 불룩한 것

자사호 중에서도 가장 유명한 형태인 철구掇球, 수평水平, 방고仿古, 석표石瓢 등의 공통점은 무엇일까?

| 수평

바로 배가 둥글고 불룩 솟아 있다는 것이다. 보이차는 대엽종의 차로 만들어 잎이 다른 차보다 크기 때문에 찻잎이 충분히 펼쳐질 공간이 필요하다. 자사호가 많다면 사각형이나, 다양한 형태로 여러 가지 갖추면 되지만, 처음 구입한다면 배가 불룩해 큰 찻잎도 무리없이 우릴 수 있는 것으로 선택하자.

| 방고

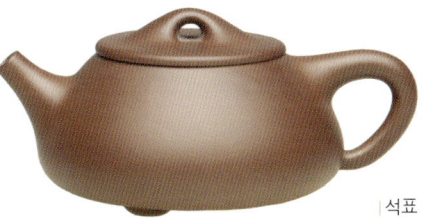
| 석표

2. 적당한 사이즈의 것

너무 작은 사이즈의 자사호를 고르면 찻잎이 자사호 안에서 충분히 펴지지 못하기 때문에 차 맛을 제대로 내기 어렵고, 너무 큰 사이즈의 자사호를 고르면 물을 가득 따랐을 때 한 손으로 들기 버거울 만큼 무거울 수 있다. 보통 한 번 우렸을 때 작은 잔으로 5잔 정도 따를 수 있는 양이 적당하며, 약 150~200cc 정도를 가장 많이 사용한다.

3. 뚜껑이 딱 맞는 것

잘 만들어진 자사호는 뚜껑을 닫으면 몸체와 완벽하게 딱 맞는다. 차를 우리는 과정에서 자사호 안팎의 온도를 고르게 유지시키기 위해 자사호 표면에도 물을 많이 부어주는데, 뚜껑이 딱 맞지 않으면 호 안으로 바깥의 물이 흘러 들어갈 수 있다. 그래서 자사호는 반드시 뚜껑이 꼭 맞는 것으로 선택하자.

4. 물이 잘 따라 지는 것

주전자에서 물이 나오는 것을 '출수出水'라고 하는데, 자사호 역시 물을 따르는 주전자에 속하는 만큼 출수가 제대로 되어야 하는 것은 기본 중의 기본이다. 출수가 잘 되는 자사호는 물을 따랐을 때 물줄기가 시원하게 포물선을 그리면서 쏟아진다. 그러나 물이 나오는 속도가 너무 느리거나 물이 시원하게 나오지 않는 경우 차의 맛에 부정적인 영향을 미칠 수도 있다.

또한 물을 따르다가 호를 다시 수평으로 들었을 때 마치 물줄기가 잘리듯 딱 끊어져야 하며, 물이 질질 흐르거나 하는 것은 좋지 않다.

둘째, 니료를 확인해라.

자사호의 원료가 되는 원료인 '니료泥料'는 '자사니紫砂泥'라고도 부르는데, 모래와 진흙이 약 6:4 정도로 섞여 있는 상태의 광물질을 말한다. 자니紫泥, 녹니綠泥, 홍니紅泥와 같은 순수 니료도 있고, 두가지 니료가 섞인 단니團泥 역시 자사호의 원료로 각광받고 있다. 니료에 종류에 따라 자사호의 색깔뿐 아니라 자사호를 만들 때 수축률이나 밀도, 공기 구멍의 상태 등 여러 가지 상황이 달라진다. 그래서 조금 더 맛있게 보이차를 우리기 위해서는 어떤 니료로 만든 자사호인지를 확인하는 것이 좋다.

1. 자니

자니는 과거 청니靑泥라고 불렀던 것으로 대표적인 자사호 원료다. 자니는 종류가 매우 많은데, 대표적인 것들로는 리피니梨皮泥, 담홍니淡紅泥, 담황니淡黃泥, 밀구니密口泥 등이 있다. 자니는 다른 니료에 비해 상대적으로 입자가 큰 편이기 때문에 통기성이 좋아 생차, 숙차, 노차, 신차 그 어떤 보이차와도 잘 어울린다.

| 자니로 만든 자사호

자니

2. 홍니

홍니는 '자사홍니紫砂紅泥'와 '주니朱泥'로 구분하는데, 두 가지 모두 홍니에 속하지만 원료의 성질이 매우 다르기 때문에 자사호를 만들고 난 후의 색깔이나 기능도 달라진다. 자사홍니는 일반적으로 보온 효과와 통기성이 좋은 편이며, 주니는 공기 구멍이 작고 밀도가 높아 연수가 좀 있는 노차나 숙차를 우리는 데 적합하다.

| 주니로 만든 자사호

3. 녹니

녹니는 '본산녹니本山綠泥'라고도 부르며, 원료 생산량이 매우 적어 순수 녹니로만 자사호를 만드는 경우는 흔하지 않다. 상당수의 경우 다른 니료로 성형한 자사호 위에 녹니를 한겹 덧씌워 더욱 풍부한 자사호 색깔을 내는 용도로 사용된다. 녹니로 만든 자사호는 보이차 중에서도 반장班章, 포랑布朗 등지의 차 맛이 강하고 기운이 센 차를 우리는 데 적합하다.

4. 단니

이싱 지방 말로 '둥글 단團'과 '비단 단緞'은 같은 발음이어서 단니의 한자 표기는 '團泥단니'와 '緞泥단니'가 혼용된다. 단니는 두 가지 이상의 니료가 섞여 있는 것으로, 시중에서 볼 수 있는 대부분은 녹니와 자니가 결합된 것이다. 그러나 드물지만 녹니와 홍니, 홍니와 자니가 결합된 것도 있다.

| 단니로 만든 자사호

단니

알아두면 좋은 차 상식 ❷

새로 산 자사호, 어떻게 관리할까?

자사호는 유약을 바르지 않고 굽기 때문에 호 벽면에는 눈에는 보이지 않는 미세한 공기 구멍이 있다. 그래서 새 자사호를 구입했을 때

---

❶ 무슨 차를 우릴 것인지 결정한다.
자사호는 수많은 공기 구멍이 있기 때문에, 차를 오랜 시간 우리다 보면 차의 향을 흡수하게 된다. 그래서 한 개의 자사호로 여러 가지 차를 막 섞어서 우리다 보면 차의 맛과 향도 섞이게 된다. 이런 이유로 자사호를 사용하는 데는 한 가지 원칙이 있다. 그것은 바로 '하나의 자사호로는 한 가지 차만 우릴 것'. 자사호를 사용하기에 앞서 앞으로 이 자사호로 어떤 차를 우릴 것인가를 먼저 결정한다.

❷ 깨끗한 냄비에 호를 넣어 삶는다.
음식 냄새나 기름기가 없는 깨끗한 냄비를 하나 준비하고, 자사호가 넉넉히 잠길 수 있을 만큼의 깨끗한 물을 붓는다. 그리고 자사호의 뚜껑을 열어 몸체와 뚜껑을 각각 냄비에 넣고, 약한 불로 물을 천천히 끓이도록 한다.

❸ 끓는 물에 찻잎을 넣는다.
물이 끓기 시작하면, 찻잎을 넣고 약 3분간 더 끓인다. 3분이 지나면 찻잎을 건져내고 약불로 약 30분 정도 더 끓여준다. 이때 사용하는 찻잎은 앞으로 우릴 차로 맞춰 준비한다. 예를 들어, 앞으로 보이 숙차를 우릴 예정이라면, 보이 숙차를 넣어 같이 끓여주면 된다.

❹ 자사호를 건조시킨다.
불을 끄고 자사호를 냄비에서 꺼내어, 건조하고 통풍이 잘 되는 그늘진 곳에서 자연 건조시킨다. 이때 자사호 안쪽까지 완전히 마를 수 있도록 뚜껑은 닫지 않은 상태로 두었다가, 완전히 마르면 뚜껑을 닫아 보관한다.

는 이 공기 구멍 안에 제작 과정에서 들어갔을지도 모르는 먼지나 흙 등을 제거하기 위한 처리 과정이 필요하다. 이를 중국에서는 '개호^{開壺}', 즉 '호를 여는 것'이라고 한다. 다시 말해, 자사호를 '차를 우릴 수 있는 최적의 컨디션'으로 만들어 주는 작업이라 할 수 있다. 새로 자사호를 구입했다면, 이렇게 개호를 해보자.

깨끗한 냄비에 호 삶기

끓는 물에 찻잎 넣기

자사호 건조

03
자사호로 보이차 우리기

 자사호는 차의 맛을 가장 풍부하게 내 주는 도구로 손꼽힌다. 특히 보이 숙차와 진년보이차의 두터우면서도 부드러운 맛을 살려주는 최상의 다기로 평가받고 있다. 이제 자사호를 이용해 맛있는 보이차를 우려 보자.

STEP 1 도구 예열하기

자사호의 뚜껑을 열고, 자사호의 안쪽에 막 끓은 물을 가득 따른 후 자사호 뚜껑을 닫는다. 뚜껑의 꼭지 부분부터 시작하여 자사호 표면 전체를 빙 둘러가며 뜨거운 물을 따라 자사호 전체가 따뜻하게 데워질 수 있도록 한다. 자사호 안의 물을 다시 공도배와 찻잔에 나누어 따라 같이 예열하도록 한다.

STEP 2 차 넣기

자사호 뚜껑을 열고, 적당한 양의 찻잎을 자사호 안에 넣는다. 자사호 입구가 작은 경우에는 다루茶漏 등의 도구를 사용하여 찻잎이 밖으로 떨어지지 않도록 주의한다.

STEP 3 물 따르기

잘 끓은 물을 자사호에 따르는데, 찻잎으로 물이 바로 닿게 하지 말고 최대한 호 벽 쪽으로 물을 따른다. 자사호 안에 물을 가득 따른 후 뚜껑을 닫고 뜨거운 물을 자사호 표면에 다시 한 번 부어준다. 이는 개완으로 우릴 때와 마찬가지로 마시기 위한 차가 아니므로 최대 10초를 넘기지 않고 빨리 따라내도록 한다.

STEP 4 차 우리기

보이차를 우릴 때 물줄기를 높게 끌어 올리거나 차에 직접적으로 센 물줄기가 닿으면 차가 혼탁해지기 쉬우므로, 최대한 물줄기를 낮게하고 벽면에 가깝게 따르도록 한다.

차를 따를 때는 공도배 위에 거름망을 얹고, 자사호 손잡이를 엄지와 중지로 잡고 뚜껑을 검지로 살짝 눌러주면서 따른다.

STEP 5 차 나누기

공도배에 담긴 잘 우려진 차를 각 찻잔에 나눠 담아 맛있는 차를 즐기면 된다. 보이차를 즐길 때는 먼저 눈으로 색깔을 보고, 코로 향을 맡고, 입으로 맛을 본다.

찻잔을 잡을 때는 엄지와 검지로 찻잔의 양쪽을 잡고 중지로 찻잔 바닥을 가볍게 받쳐준다.

알아두면 좋은 차 상식 ❸

자사호, 어떻게 길들일까?

자사호는 사용한 시간이 길어질수록 표면에서 자연스러운 광택이 나면서 이른바 '손맛'이 느껴지는 특징이 있다. 그래서 사용하는 사람

원칙 ❶ | 사용한 자사호는 즉시 깨끗하게 정리하라.

자사호를 이용해 차를 우리고 난 후에는, 바로 바로 자사호 안에 있는 찻잎들을 깨끗하게 비워낸다. 그리고 뜨거운 물을 자사호 안팎으로 여러 번 부어 혹시라도 남아 있을지 모르는 차 찌꺼기까지 완벽하게 씻어낸다. 자사호에 차 향을 입히려고 가끔 차를 우린 후 찻잎을 넣은 상태로 물을 부어 두는 경우가 있는데, 지나치게 오랜 시간을 둘 경우 오히려 자사호 안에서 찻잎이 부패할 수도 있으므로 그다지 권장하지 않는 방법이다.

원칙 ❷ | 자사호에게 쉬는 시간을 주자.

자사호를 연달아 사용한 후에는 '쉬는 시간'을 주어야 한다. 사용을 마친 자사호를 뜨거운 물로 깨끗하게 씻은 후, 뚜껑을 열어 통풍이 잘 되고 그늘진 곳에서 말려준다. 이렇게 자사호가 건조되는 시간이 자사호에게 주는 휴식 시간인 셈이다. 보통 3~5일 정도 말려주면, 육안으로 관찰되지 않는 자사호의 공기 구멍까지 깨끗하게 건조시킬 수 있다. 이렇게 한번씩 완전히 건조시키는 과정을 거친 자사호는 점점 윤기를 띠게 된다.

원칙 ❸ | 수시로 자사호를 닦아주자.

내가 쓰는 자사호가 자연스러운 윤기와 광택을 내기 원한다면, 한번씩 자사호를 닦아주는 것이 좋다. 자사호 안에 뜨거운 물을 붓고 2~3분 정도 기다려 자사호 전체가 따뜻해지면, 깨끗하고 부드러운 면이나 천을 이용해 자사호 전체를 깨끗하게 몇 차례 닦아준다. 자사호로 차를 우리고 난 후 식기 전에 닦아주는 것도 좋다. 이 과정을 통해 혹시나 자사호 표면에 남아 있을지도 모르는 차 찌꺼기가 완벽하게 제거되고, 점점 더 매끈하고 윤기나는 모습을 갖게 된다.

이 애정을 담아 잘 관리한 자사호는 표면이 반질반질하고 윤기가 흘러, 처음 샀을 때의 거칠거칠한 느낌과는 약간 다른 느낌을 갖는다. 이러한 자사호는 길이 잘 든 것이라고 표현하며, 이렇게 자사호를 관리하는 것을 중국에서는 '양호養壺', 즉 '호를 길들이는 것'이라고 한다.

    그렇다면 자사호, 어떻게 길들여야 할까?

05

간단하지만 갖춰진 맛

표일배로 우리기

맛있는 보이차를 즐기고 싶긴 하지만,

공도배니 거름망이니 이것저것 많은 도구를 꺼내자니

너무 번거롭다.

이럴 때는 간단하고 편리하지만, 괜찮은 차 맛을 내주는

'표일배飄逸杯'를 사용해보자.

01
표일배란?

표일배란 1980년대 대만에서 처음 개발되어 보급된, 티포트, 공도배, 거름망이 3 in 1으로 이루어진 제품이다. 일반적으로 거름망이 들어 있는 유리 티포트와 비슷한 개념이지만, 티포트는 뚜껑이 분리되는 것에 반해 표일배는 버튼을 누르면 뚜껑이 열리는 식으로 이루어져 있어 원터치 티포트라고도 불린다. 표일배를 사용할 때는 따로 찻잔 하나만 준비하면 되므로, 사무실이나 가정에서도 간단하게 보이차를 우릴 수 있다.

02
표일배로 보이차 우리기

STEP 1 예열하기

아무리 간단하게 차를 우릴 때라도 예열하는 것은 잊지 말자. 거름망 안쪽으로 뜨거운 물을 가득 부었다가 그 물로 바깥 쪽 유리 공도배 부분까지 예열하도록 한다.

STEP 2 차 넣기

표일배로 차를 우릴 때는 거름망의 크기를 보고 차의 양을 결정한다. 바깥 부분의 유리 공도배가 아무리 크다고 하더라도 실제로는 안쪽에 있는 거름망으로 차를 우리는 것이므로, 거름망의 크기를 보고 적당한 양의 차를 넣으면 된다.

STEP 3 차 우리기

거름망 안쪽에 물을 가득 채워 차를 우린다. 차가 다 우러났다 싶을 때 뚜껑 위쪽으로 올라온 버튼을 눌러 거름망 아래의 추를 열어 찻물이 공도배 쪽으로 나오게 하면 된다. 이때 거름망 안쪽에는 차가 남아 있지 않도록 모두 따라낸다.

STEP. 차 따르기

공도배 부분에 담긴 차를 찻잔에 따르면 된다. 이때, 표일배의 종류에 따라 어떤 것은 거름망을 들어 있는 상태에서 차를 따를 경우 혹시 남아 있을지 모르는 찻물이 쏟아질 수도 있으므로, 안전을 위해 거름망을 꺼낸 후 차를 따르도록 한다.

06

내가 만드는 특별한 차

보이차 베리에이션 티

홍차를 이용한 밀크티나 버블티, 녹차를 이용한 그린티 라떼나
그린티 프라푸치노 등 우리 주변에서 차를 베이스로 만든 음료
를 쉽게 만나볼 수 있다.

차 본연의 맛 외에도 여러 가지 재료가 만나 어우러지는 다양한
맛을 좋아한다면,

집에서 간단하게 보이차를 이용하여 만들 수 있는
여러 가지 베리에이션 티에 도전해보자.

01
보이 퓨어 아이스티

차의 쌉쌀한 맛을 그다지 선호하지 않는다면? 시원하고 상큼한 차를 마시고 싶다면? 냉침이 적격.

냉침이란?
뜨겁지 않은 온도의 물로 천천히 차를 우리는 방법으로, 시간은 다소 오래 걸리지만 차의 부드러운 맛을 잘 살려주어 아이스티에 적합한 방법!

만들기

1 밀봉이 잘 되는 물병에 깨끗한 물을 담는다. 다른 병을 쓰기 귀찮다면 500ml 생수병을 그대로 사용하면 된다.
2 병에 생차나 숙차 티백을 넣은 후 뚜껑을 잘 닫아 냉장고에 넣는다. 이 상태로 10시간 정도 그대로 우려지게 둔다.
3 우려진 차를 컵에 담고 기호에 따라 설탕 시럽을 추가하면 완성. 더 시원하게 마시려면 얼음을 넣는다.

재료

물병(밀봉이 잘 되는 것)
티백(생차 or 숙차) 1개
설탕 시럽 약간

Tip

냉침용 차로는 잎차를 써도 무방하나, 차를 따를 때 잎을 한번 걸러줘야 하기 때문에 티백을 쓰면 편리하다.

Caution

냉침을 해서 냉장고에 넣어두었다고 하더라도 지나치게 장기간 보관하는 것은 바람직하지 않다. 차가 우러난 후, 최대한 빠른 시간 내에 마시도록 한다.

02
보이 스트롱 아이스티

차 본연의 진한 맛을 좋아한다면, 조금 더 차 맛이 느껴지는 아이스티로 즐겨보자.

재료
티백(생차 or 숙차) 1개
시럽 약간
얼음 적당량

만들기
1 유리컵에 보이 생차 티백 1개를 넣고, 약 100ml의 뜨거운 물로 강하게 차를 우려낸다.
2 차 색이 진하게 우려지면 티백을 꺼낸 후, 기호에 따라 설탕 시럽을 넣고 잘 저어준다.
3 얼음을 원하는 차의 농도에 맞춰 유리컵에 채운 후, 차와 얼음이 섞일 수 있도록 한번 가볍게 저어준다.

03
보이티 라떼

    보이차로 라떼를 만들기 위해서는 베이스가 되는 차를 진하게 우려주는 것이 관건. 평소 커피를 즐겨 집에 가정용 에스프레소 추출기인 모카 포트가 있다면 이를 이용해 보자. 만약 모카 포트가 없다면? 걱정할 것 없다. 냄비로도 얼마든지 만들 수 있다.

모카 포트로 만드는 보이티 라떼

도구
모카 포트

재료
숙차 약 20g / 우유 100ml / 설탕 약간

만들기

1 믹서기 등의 도구를 이용, 보이차를 가루로 만든다.

2 모카 포트를 이용 보이차를 진하게 내려준다. 모카 포트에는 커피를 추출할 때와 마찬가지로 포트 가득 채우는 것이 좋기 때문에 넉넉하게 준비한다.

3 따뜻하게 데운 우유를 보이찻물과 1:1의 비율로 잔에 따른다.

4 취향에 따라 설탕과 스팀밀크를 넣어 마무리.

냄비로 만드는 보이티 라떼

도구
냄비 / 거름망

재료
숙차 8g / 물 100ml / 우유 200ml / 설탕 약간

만들기

1 냄비에 물과 보이차를 넣고 끓여준다. 물이 1/2로 졸아들 때까지 끓인다. 밀크티를 끓이는 팬인 밀크팬을 사용해도 좋고, 음식 냄새가 나지 않는 너무 크지 않은 냄비를 쓰는 것도 가능하다.

2 우유를 붓고 다시 끓인다. 단, 우유가 완전히 끓으면 막이 생기기 때문에 우유가 완전히 끓기 전에 불을 끈다.

3 거름망을 대고 잔에 따른다.

4 취향에 따라 설탕을 넣은 후, 스팀밀크를 올려 마무리.

버블티를
좋아한다면?

보이티 라떼를 만들 때, 설탕까지 넣은 후에 미리 삶아 놓은 타피오카 펄을 추가하자. 그럼 완벽한 버블티로 재탄생!
뜨거운 핫티로도 차가운 아이스티로도 얼마든지 응용이 가능하다.

04
유자 보이차

찬바람이 불기 시작하는 계절, 따뜻하고 달달한 음료가 당길 때! 달콤한 향이 매혹적인 유자 보이차를 만들어보자.

재료
생차 4g 또는 숙차 8g / 물 200ml / 유자청 3~4스푼

만들기
1 찻잎을 뜨거운 물로 진하게 우린다.
2 유자청 3~4스푼을 잔에 담아 놓는다. 유자청의 양은 취향에 따라 적절히 조절한다.
3 다 우려진 차를 유자청이 담긴 잔에 거름망을 대고 따라주면 완성.

05
레몬 보이차

새콤달콤 싱그러운 레몬의 향이 담뿍 담긴 상큼한 레몬 보이차.
피곤함이 몰려올 때 내 몸의 세포를 깨워주는 듯한 새콤한 맛과 보이차의 조합이 근사하다.
핫티, 아이스티 모두 적합하다.

재료
숙차 4g / 물 150ml 내지 200ml / 레몬청 2스푼

만들기
1. 4g의 보이 숙차를 뜨거운 물로 진하게 우린다. 뜨겁게 마실 경우는 200ml를, 차갑게 마실 경우는 얼음을 추가하기 때문에 150ml의 물을 부어 우린다.
2. 잔에 미리 레몬청을 담는다. 레몬 슬라이스 2개 정도가 들어가는 양이면 적당하다.
3. 레몬청을 담아둔 잔에 우려진 차를 찻잎을 걸러내어 따른다.
4. 레몬청과 차가 잘 섞이게 저어주면 완성.

06
보이 뱅쇼

뱅쇼Vin Chaud는 프랑스에서 즐겨 마시는, 와인을 끓여 만드는 따뜻한 음료이다. 프랑스어로 뱅쇼는 와인을 의미하는 뱅Vin과 따뜻하다는 의미의 쇼Chaud가 합쳐져 만들어진 말이다.

와인을 베이스로 한 음료지만 보이차를 더하면 몸을 따듯하게 해주는 완벽한 겨울 보이차 음료로 재탄생한다. 게다가 새콤달콤한 여러 가지 과일 향은 덤!

재료
보이 숙차 8g / 레드와인 150ml / 설탕 20g
과일 슬라이스 (오렌지, 사과, 자몽 등) 각 3~5조각
스파이스(계피 1조각, 정향 1개, 블랙페퍼 2개, 생강 1조각 등)

만들기

1 과일은 깨끗하게 씻은 후 껍질째로 얇게 썰어 종류별로 3~5조각씩 준비한다.

2 냄비에 썰어 놓은 과일과 스파이스를 담고 와인을 붓는다.

3 냄비의 뚜껑을 닫고 약한 불로 10분 정도 끓인다.

4 와인이 끓는 동안 뜨거운 물 100ml에 보이차를 우린다. 최대한 진하게 우리는 것이 관건.

5 차가 우러났으면 찻잎을 걸러 냄비에 붓고 설탕을 함께 넣어 5분간 끓인다.

6 과일과 스파이스를 걸러 컵에 담은 후 과일 몇 조각을 보기 좋게 띄우면 완성.